1 Womit fangen alle Sätze an? Schreibe auf
und finde neue, unterschiedliche Satzanfänge.

_____ geht er in sein Zimmer.

_____ füttert er sein Meerschwein.

_____ setzt er sich wieder an den Tisch.

_____ zieht er das Rechenheft aus der Tasche.

_____ kla   ppt er es auf.

_____ legt er den Füller neben den Bleistift.

2 Welche Frage meint die Überschrift des Kapitels?
Schreibe auf.

AF217218

_____

_____

Weißt du eine Antwort? Schreibe auf. _____

_____

_____

_____

_____

1 Trage die Wörter in das Wichtige-Wörter-Krisskross ein.

Anna	neu	Riesenzorn	Seibmann	Polen
Tränen	fremd	traurig	Tennisball	Regine

1 Alles ging schief. Kreuze an, was <u>nicht</u> stimmt.

A Mutter hatte den Tee noch nicht aufgebrüht.

E Holger motzte.

I Vater konnte ihn nicht in die Schule mitnehmen.

L Der Reißverschluss war gekracht.

Z Die Jeans waren zu weit.

A Jens ließ ihn nicht in Ruhe.

P Anna sah ihn so an, als hätte er ihr was getan.

B In seinem Kopf war nichts, als Herr Seibmann
ihn aufrief.

O Anna freute sich über das Brötchen,
das Bernhard ihr schenkte.

J Der Mond auf Bernhards Hintern saß schief.

M Herr Seibmann merkte, dass er Bernhard
den Streich gespielt hatte.

N Er konnte nicht mit Anna reden.

2 Welches Gefühl veranlasste Ben dazu, Bernhard
einen Streich zu spielen? Überlege und schreibe auf.

_____

. . . .

! _Trage den richtigen Buchstaben für die Lösungswörter
in das 1. Kästchen auf Seite 15 ein. (Aufgabe 1)_

3

1 Wer sagt was? Trage ein: V (= Vater), M (= Mutter),
H (= Holger), B (= Ben)

_____ : Wie war's?

_____ : Bei wem?

_____ : Na, bei dir und bei den Jungen.

_____ : Viel Grippe, die Praxis war voll.

_____ : Bei dem Schweinewetter. Und bei euch?

_____ : Nix Besonderes.

_____ : Ben hat eine Freundin. Das hat er mir selber erzählt.

_____ : Ach was.

_____ : Gute Nacht.

_____ : Wart mal einen Augenblick. Kennen wir sie?

_____ : Nein.

_____ : Ist es Katja?

_____ : Nein, die ist es nicht. Halt doch endlich die Schnauze!

_____ : Kinder!

_____ : Sie heißt Anna und ist neu in der Klasse.

Das ist auch schon alles.

1 Nummeriere die Reihenfolge, in der die Sätze im Text stehen.

◯ Sie hatte gesagt: Mein Freund.

◯ Da sind die Barackenwohnungen.

◯ Jens verzog sich.

◯ Mit ein paar Laufschritten war er neben ihr.

2 Wen sah Ben, als er in Annas Wohnzimmer kam? Kreuze an.

U einen Mann, eine Frau, vier Kinder

A zwei Männer, eine Frau, drei Kinder

C einen Mann, zwei Frauen, drei Kinder

Wen sah Ben noch? Schreibe auf. _____

! *Trage den richtigen Buchstaben für die Lösungswörter in das 2. Kästchen auf Seite 15 ein. (Aufgabe 2)*

5

1 Schreibe auf, was Ben der Meersau Trudi alles erzählte.

_____

_____

_____

_____

_____

_____

_____

_____

_____

2 Wie findest du den Brief, den Anna geschrieben hat?
Kreuze an.

☐ mutig   ☐ nachgiebig   ☐ freundlich   ☐ ehrlich

☐ feige   ☐ vorwurfsvoll   ☐ unfreundlich   ☐ unehrlich

1 Herr Leibel berichtet, was
an diesem Nachmittag
geschah. Schreibe seine
Geschichte fertig.

Als ich mit meinem Auto
nach der Arbeit nach Hause
fuhr und in die Garage
fahren wollte, stand plötzlich
die Abfalltonne mitten
in der Einfahrt.
Ich stieg aus und ...

_____

_____

_____

_____

_____

_____

_____

_____

1 Welcher Name steht in diesem Kapitel am häufigsten? Kreuze an.

| E | Herr Seibmann | | C | Anna | | U | Ben |

2 Ergänze die fehlenden Wörter.

Anna ist nicht ganz so _____ wie ich. Anna ist

_____ und kommt aus _____ .

Sie ist aber deutsch. Ich _____ Anna.

Anna kommt aus _____ , mit einem e hinten dran.

Anna hat _____ Haare und einen _____

Zopf. Anna ist _____ als andere Mädchen.

Anna hat ein _____ Gesicht.

Wegen den _____ .

Wahrscheinlich mag _____

Anna. _____ mag Anna sehr.

Anna hat mich beinahe _____ .

Anna hat wirklich die _____ Augen.

*Trage den richtigen Buchstaben für die Lösungswörter
in das 3. Kästchen auf Seite 15 ein. (Aufgabe 1)*

1 Ben macht sich schön. Kreuze an, was er <u>nicht</u> getan hat.

☐I☐ Er cremte sich das Gesicht ein.

☐G☐ Er rasierte sich.

☐B☐ Er föhnte sich die Haare.

☐X☐ Er zog seine Lieblingsjeans an und das weite Hemd.

☐E☐ Er putzte seine Schuhe blank.

☐K☐ Er wusch sich die Haare.

☐M☐ Er schnitt sich die Fingernägel.

☐H☐ Er badete sich ausgiebig.

☐T☐ Er nahm Vaters Rasierwasser.

2 Manche Wörter werden aus zwei Wörtern zusammengesetzt. Suche im Kapitel und ergänze die fehlenden Wörter.

_____anzug,   Finger _____ ,

_____wasser,   Küchen _____ ,

_____mütze,   _____essen,

Schild_____ ,   _____sau

! *Trage die richtigen Buchstaben für die Lösungswörter der Reihe nach in das 4. und 5. Kästchen auf Seite 15 ein. (Aufgabe 1)*

9

1 Suche Bens und Annas Liebeserklärung
und schreibe sie auf.

_____

_____

_____

_____

2 Beantworte die Wer-Fragen: Ben oder Anna?
Schreibe auf.

1. Wer redete zuerst über den Brief? _____

2. Wer sagte „Dreh dich doch mal um"? _____

3. Wer fuhr mit dem Finger über Gesicht
   und Lippen? _____

4. Wer biss zu? _____

5. Wer legte den Arm um die Schulter? _____

6. Wer sagte „Aber einen Kuss
   kannst du mir geben"? _____

1 Male Onkel Gerhard so, wie er im Kapitel beschrieben wird.

2 Welche Erfindungen probierte Onkel Gerhard an diesem Tag aus? Kreuze an.

F Ein Körnchen, das Suppe zu einem Klumpen verwandelte.

B Einen Baum aus Schwamm, der rasend schnell wuchs.

I Ein elektronisches Meerschwein, das pfiff.

U Einen Teppich, aus dem Gras wuchs.

N Eine Zimmerdecke, die regnen konnte.

E Kristalle, die Teller zum Lärmen brachten.

! *Trage die richtigen Buchstaben für die Lösungswörter der Reihe nach in das 6. , 7. und 8. Kästchen auf Seite 15 ein. (Aufgabe 2)*

1 Warum hat Onkel Gerhard nie geheiratet? Kreuze an.

K Weil er befürchtet, dass ihn eine Frau
nicht lange ertragen kann.

L Weil er keine Frau kennt, die auch Erfinderin ist.

2 Lies genau! Welche Textstelle
passt zu dem Bild?
Schreibe auf.

_____

_____

_____

_____

_____

_____

_____

_____

_____

! *Trage den richtigen Buchstaben für die Lösungswörter
in das 9. Kästchen auf Seite 15 ein. (Aufgabe 1)*

1 Ergänze die fehlenden Wörter und trage die Buchstaben aus den nummerierten Kästchen ein.

Ben ⬜⬜⬜⬜⬜⬜ dauernd an Anna.
　　　　　　　3

Er hatte sogar von ihr ⬜⬜⬜⬜⬜⬜⬜⬜ .
　　　　　　　　　　　　　　　9

Alle waren ⬜⬜⬜⬜⬜⬜ zu ihm. Ben hätte Anna
　　　　　　　　2

und Jens ⬜⬜⬜⬜⬜⬜⬜⬜⬜ können.
　　　　　12　　　　　　　1

Er hätte ⬜⬜⬜⬜⬜ können. Am liebsten würde
　　　　　　8

er die Schule ⬜⬜⬜⬜⬜⬜⬜ . In der
　　　　　　6　　　　　　11

Stunde konnte er nicht ⬜⬜⬜⬜⬜⬜⬜⬜ .
　　　　　　　　　　　　　　5

Er dachte, er ist ⬜⬜⬜⬜⬜ . Er wollte
　　　　　　　　7

⬜⬜⬜⬜⬜ und sogar ⬜⬜⬜⬜⬜⬜ .
　10　　　　　　　　　　　4

Das hat Ben: ⬜⬜⬜⬜⬜⬜⬜⬜⬜⬜⬜⬜
　　　　　　　1　2　3　4　5　6　7　8　9　10　11　12

2 Glaubst du, Herr Seibmann hat mit der zweiten Zeile, die er an die Tafel schrieb, recht? Schreibe auf und begründe.

1 Wer erzählt Ben, dass Anna wegzieht? Kreuze an.

U Anna   E die Mutter   O der Vater   A Holger

2 Was geht Ben beim Abschied durch den Kopf?
Kreuze die richtigen Sätze an.

C Anna geht weg.

H Anna kann uns ja besuchen.

L Anna muss mir gleich einen Brief schreiben.

E Zum Abschied muss mir Anna einen Kuss geben.

A Ich hab Anna lieb.

N Anna hat mich lieb.

M Ich hab Anna wirklich lieb.

*Trage die richtigen Buchstaben für die Lösungswörter der Reihe
nach in das 10., 11., 12., 13. und 14. Kästchen auf Seite 15 ein.
(Aufgabe 1 und 2)*

1 Ben und Anna wollen sich schreiben. Stell dir vor,
du bist Ben oder Anna, und schreibe einen Brief.

Lösung:

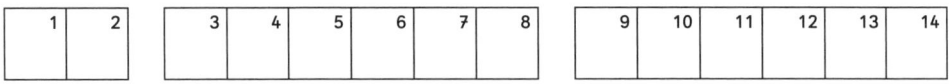

1	2

3	4	5	6	7	8

9	10	11	12	13	14

Das heißt auf Polnisch „Ich liebe dich".

Das ist Peter Härtling am Tag seiner Einschulung. Nicht lange danach verliebte er sich in Ulla, von der er am Anfang des Buches erzählt.
Peter Härtling hatte vier erwachsene Kinder. Im Internet findest du auch Bilder, die Peter Härtling als Erwachsenen zeigen. An dem Buch „Ben liebt Anna" hat er ein halbes Jahr geschrieben. „Ben liebt Anna" gibt es auch als Film.

Finde noch drei andere Bücher von Peter Härtling.

1. _____

2. _____

3. _____

Unter www.antolin.de kannst du im Internet nach Büchern von Peter Härtling suchen.
Dort gibt es viele Quizfragen zu Büchern!